Johanna Frank

AF235986

Wenn das Licht die Finsternis küsst

Wenn das Licht die Finsternis küsst

Johanna Frank

Bibliografische Information der Deutschen Nationalbibliothek: Die Deutsche National-bibliothek verzeichnet diese Publikation in der Deutschen Nationalbibliografie; detaillierte bibliografische Daten sind im Internet über dnb.dnb.de abrufbar.

Herstellung und Verlag:

BoD – Books on Demand, Norderstedt

ISBN: 978-3-7534-7744-2

Tauche ich in den Wald ein,

So kommen Frieden und Stille über mich

Zu meiner Rechten friedliche Stille

Zu meiner Linken das tosende Rauschen

Des Wipfelmeers

Dort wo die Sonne scheint,

Sind wir zwei im Glück vereint

Zu den Gedichten

Die Gedichte in diesem (meinem ersten) Gedichtband „Wenn das Licht die Finsternis küsst" sind über die Jahre hinweg entstanden. Zunächst im Unterricht, dann aber immer mehr in meiner Freizeit, im Urlaub oder auf Spaziergängen im Wald. Oft inspirieren mich eigene Gefühle und Momente, aber nicht nur. Ab und an lasse ich meine Gedanken fliegen und nutze meine Fantasie, oder schreibe zu einem bestimmten Thema. In dem Kapitel „Zum Buch" sind die ersten drei Gedichte zusammengestellt, die ich für meinen Fantasyroman verfasst habe, welcher noch in Arbeit ist.

Widmung

Diese Gedichte – entstanden aus Augenblicken, Gefühlen, Ideen und Fantasie – widme ich allen, die fühlen. Jene, die das Licht in sich tragen, das hell strahlt, auch wenn sie die Finsternis berühren. Jene, die die Natur lieben, die voll und ganz in den Wald eintauchen. Jene, die ihre Augen schließen und das Meer hören.

Alle, die lieben und leiden, die lachen und weinen, die suchen und finden, die festhalten und gehen lassen. Ihr tragt das Licht in euch, das auch in der Finsternis strahlt.

INHALT

Am Anfang

Liebe

Rote Lippen, voller Mund

Ich liebte dich so,

War das noch gesund?

Deine Augen so blau,

Wie der Ozean.

Ich wünscht´ ich wär

So nah an dir dran.

Außen so schön,

Man sagte innen nicht.

Hätt´ ich nur geseh´n

Dein wahres Gesicht!

Schicktest mich fort,

Viel zu hart war dein Wort!

Ich wünscht´ mir den Tod

Doch dir war egal,

Dass ich litt tiefste Not.

Doch wurd´ ich gerettet

Aus jenem Loch.

Von einem Engel,

Wer glaubte das noch?

2014

(Im Deutschunterricht, Lesetagebuch zu „Löcher")

Verbrannt & Vorbei

Das Feuer der Liebe

War lang schon verbrannt.

Doch wollt´ ich´s nicht wissen,

Hab´s nicht erkannt.

Wie zarte Rosen,

So weich deine Haut.

Dass ich dich so liebe,

Hätt´ ich nie geglaubt.

Ich tu es noch immer,

Stunde um Stunde.

Hast davon kein´ Schimmer,

Lachst jede Sekunde.

Ich weinte so lang,

Mir war ganz bang.

Einen zweiten Versuch werd' ich noch riskieren.

2015

(Im Deutschunterricht, Visualisierung eines lyrischen Textes)

Zum Buch

Der Stein

Er hat den Stein,

Was ein Triumph!

War tief verborgen

Im düst'ren Sumpf.

Noch zittert er,

Wie Espenlaub.

Doch hat er's geschafft,

wer hätt's geglaubt?

Der Wind bläst dem Sieger

Ins Gesicht,

Auf seinen Lippen liegt

Ein Liebesgedicht.

Sie wird ihn erwarten,

In einer Lichtung aus Gold.

Ihm zu überreichen

Den süßlichen Sold.

2016

(für meinen Fantasyroman)

Schicksal

Die Haut so blass,

Die Lippen rot.

Seine Augen nass,

Bald ist sie tot.

Es geht die Sonne

Im Abendrot.

Bei Vollmond

Kommt die Atemnot.

Und wird das Kraut nicht geseh´n,

Muss sie in Flammen untergeh´n.

Ein Floß gleitet auf den Fluss.

Zum Abschied schenkt er ihr den Kuss.

Der feurige Pfeil

Ihr Boot erreicht.

Wie Federn ihre Seel´ wird leicht.

Und nur ein Kraut

Kann sie noch retten.

Auf weiches Moos

Er sie wird betten.

Sorgen wird er

Für ihren Schutz

Und sie behüten

Vor Cassandras Frust.

2016

(für meinen Fantasyroman)

16

Die flache Brust
Hebt sich nicht mehr.

Die Augen öffnen

Sich nicht mehr.

Sie lebte wild,

Froh und laut.

Doch in der Nacht

Ward die Seel´ ihr geraubt.

Der Wald steht still,

Der Tag scheint grau.

Noch so klein,

Ein Kindlein bloß.

Blass liegt sie kühl

In ihrem Schoß.

2016

(für meinen Fantasyroman)

Romantik

Nachtdenken

Der Mond steht schon

Am Himmelszelt,

Still liegt sie da

Die ganze Welt.

Die Sterne funkeln

Hier und da.

Im Dunkeln wird so manchem klar;

Des Nachts komm´

Die Gespinste raus.

Geh´n in Gedanken

Ein und aus.

So ist es nicht

Verwunderlich,

Dass manch einer

Wundert sich;

Wozu noch leben?

Wozu noch tun?

Die Nacht gewacht

Ohne zu ruh'n.

So steht er auf

Im Morgengrau'n.

Gedanken fischen

Nach dem Traum.

Hoffnungsschimmer,

Träumerein,

Einmal nur unendlich sein.

2017

Nacht

Still steigt der Mond

Auf den Feldern hinauf.

Nebelschwaden steigen

Vom Grase herauf.

Kühler Wind streift

Durch Wälder und Feld

Gedankenverloren,

Verträumt schläft die Welt.

Nur der Grashalm sich sachte

Im Winde wiegt.

Ruhig und friedlich nun endlich liegt

Die ganze Welt,

Die sonst in Hülle und Fülle,

Mit der Dunkelheit senkt sich

Hinab die Stille.

Lärm und Hektik bleiben erspart,

Wenn die Nacht die Erde umarmt.

2018

Dezember

Nacht und ich wander' allein durch

Die Straßen,

So viel scheinen mir die Lichter

Zu verraten;

Lichterketten, Kerzenlicht

Alles scheint – ein Lichter-Gedicht.

Vom Himmel herab fallen feine Flocken,

Düfte und Lichter die Sinne verlocken.

Die kalten Finger in den Taschen vergraben,

In Gedanken schon bei all dein Gaben.

Musik, ganz leise, dringt an mein Ohr,

Das Herz wird warm,

Auch wenn ich fror.

Winterzeit, oh Weihnachtszeit,

Bist du für das Fest bereit?

2018

Abendrot

Langsam senkt sich die Sonne hinab

Dunkelheit allmählich steigt herab

Vögel zwitschern hier und da

Die Schatten werden länger gar

Buntes Glas blinkt auf

Die Kirchturmglocke verkündet laut

– Abendstunde bricht herein –

Nach und nach kommt jeder Heim

Lange Streifen die Sonne auf die Felder wirft

Immer lauter nun die Grille zirpt

Auch die Winde bleiben steh'n

Flüstern leis auf Wiederseh'n

Am Himmel Rot, Orange und Violett

Das Abendrot, es scheint komplett

Stress und Sorgen, die vergeh'n

Kannst du nur das Farbspiel seh'n

Und die Hast wird einerlei

Ist das Ganze dann vorbei

Still sinkt hinab die Dunkelheit

Der Tag, er schwindet

Die Nacht verweilt

So löst der Mond die Sonne ab

Die Sterne funkeln,

Gute Nacht!

2019

(bei einem Abendspaziergang mit meinen Großeltern)

Gewitter

Blitze zucken, Donnergroll

Gewitter – ach wie wundervoll!

Naturgewalten sich deutlich zeigen,

Wenn graue Wolken sich verbreiten.

Ein Strahl, er zuckt ganz schnell

Sekundenlang das Zimmer hell.

Hast du´s gesehen? Blitz es echt?

Nur wenn Donner grollen, hast du Recht.

Mit dumpfen Schlägen zieht es herein,

Im Tal, im Dunkeln stehst du allein.

Nervös erschauerst du dem entgegen,

Was droben die Götter wild bewegen.

Wie klein fühlt sich das Menschlein jetzt?

Wenn Lichter übern Himmel hetzt´.

Die Tropfen fallen schwer herunter.

Wer draußen ist, der stellt sich unter.

Immer schneller, dichter fallen

Die Tropfen auf die Blätter prallen.

Der Regenschauer nun richtig loslegt.

Fröstelnd der Mann da steht.

Der hatte es nicht gerafft,

Und nicht mehr nach Haus geschafft.

Wütend der Wind die Zweige ans Fenster wirft

Angstvoll du den Göttern schwörst

– Unterwürfig willst du dienen,

lassen sie nur das Gewitter ziehen –

Sanfter nun der letzte Donner kracht,

Und sieh´, hier schon die Sonne lacht.

Der Sturm, jetzt ist er gar vorbei,

Fröhlich strahlst du, fühlst dich frei.

2019

(auf einer Autofahrt durch den Thüringer Wald)

Der Traum vom Meer

Sommerwind, kühl und zart

Küsst meine Haut,

Fährt mir durchs Haar.

Barfuß lauf ich auf der Wiese,

Begrüße froh die Sommerbriese.

Denn die Hitze, drückend schwer,

Wo fern ist, ja so fern, das Meer.

Wenn im Wald ich stehen bleibe,

Lausche ich eine kleine Weile.

Augen zu, dann kann ich spüren,

Wellen über Füße spülen.

Wenn Bäume sich im Winde biegen,

Rauscht's wie wenn Wellen

Sanft ans Ufer wiegen.

So hab ich hier mein Stückchen Meer,

Das ich ja sonst vermiss so sehr.

02.07.2020

Am Meer

Brechende Wellen mit

Schäumenden Kronen,

Die salzige Gischt

Weht nach hier oben.

Ich schmeck´ Salz auf

Meinen Lippen,

Ich seh´n mich so sehr –

Mein Herz schlägt gegen meine Rippen –

Nach der Kühle des Meers.

Der Sand unter den Füßen,

Der Wind in den Haaren,

Nur ein paar Schritte ins Wasser,

Kann ich es wagen?

11.05.2020

Spaziergang

Wenn die Wolke sich vor die Sonne schiebt,

Du denkst, dass es keine Hoffnung gibt.

Was soll da noch bleiben?

Wozu noch verweilen?

All die Hoffnung, all die Mühen,

Ganz umsonst, da sie nicht blühen.

Oh, wie scheint das düster da,

Grau in grau, ganz finster gar.

Dürre Bäume, leere Äste.

Wo nur ist die Zeit der Feste?

Kalt, verwaist, so scheint die Welt,

Kein Vogel singt, kein Hund, der bellt.

Ach wie traurig muss das sein,

Ist man einsam, ganz allein.

Niemand da, der mit dir lacht,

Sich um dich sorgt, dich bewacht.

Kälte fährt in deine Glieder,

Müde schließt du die Augen wieder.

Wünschst die Traurigkeit weit fort,

Willst entfliehen diesem Ort.

Traurig bist du, ganz verdrossen,

Kannst du auf ein Glück noch hoffen?

Nicht ein Lächeln kannst du abringen,

Oh, wer kann dich nur fortbringen?

Einer, der dich ganz versteht,

Deine Hand nimmt, mit dir geht?

Weh, wie weh, schmerzt dich das Leid.

Ist denn dein Los die Einsamkeit?

Der Wind die Wolke weiterschiebt,

Schlägst die Augen auf und siehst,

Wie hell doch die Sonne scheint.

Hoffnung, die jetzt in dir keimt.

Wird bald alles besser sein?

Lächelnd gehst du wieder heim.

29.12.2019

(bei einem Spaziergang mit meiner Großmutter)

Das Leben

Fasching

Masken basteln,

Süßigkeiten

Jetzt beginnen Faschingszeiten

Partyspaß für Groß und Klein,

Ja, das freut die Kinderlein!

Viel Gelächter, Konfettiwerfen,

Höher schlagen Kinderherzen.

Prinzessin, Ritter, Faschingsnarr,

Das Verkleiden ist doch wunderbar!

Ist das Feiern dann zu Ende,

Klatschen froh die Kinderhände.

Kaum ist die Faschingszeit vorbei,

Bemalen wir das Osterei.

2018
(Auf einem FSJ-Seminar, über die nächste Zeit im Hort)

Großmutter sein

Einmal will ich Großmutter sein,

Großes Glück im Eigenheim.

Vom Schaukelstuhl aus,

Blick ich stolz heraus

Auf Kinder und die Enkellein

Alle sind sie hier daheim.

Sie tollen rum,

Sind albern, jung.

Ich läch´le und zwinker,

Voll Stolz und Liebe

Für all meine Kinder.

2017

Junges Leben

Kann die Liebe nicht ertragen –

Stelle mir so viele Fragen –

Wieso? Warum? Was macht mich froh?

War ich denn schon immer so?

Ich glaubte doch an die große Liebe!

Schenkte mein Herz an viele,

Viele Male brach es entzwei –

Brachte das all den Kummer,

Die Verwirrung herbei?

Ich wollte leben

-Wie ein Vogel – So frei!

Ist mir´s denn heute einerlei?

In meinen Gedanken stehlen sich

Zweifel und Ängste

Sie quälen mich.

Warum? Wozu? Wieso? Weshalb?

Bin ich voll im Leben?

Ganz? Oder halb?

Dann mache ich die Augen zu,

Bringe all meine Gedanken zur Ruh.

Ich habe noch Zeit,

Ja, so viel Zeit.

Mir bleibt fast noch 'ne Ewigkeit.

Also, wozu all diese Fragen?

Ich muss mich in meinen jungen Jahren

Doch nicht selber damit plagen!

Will lieber lieben,

Jetzt, frei und stolz!

Das Grübeln kommt später,

Also – was soll's?

2018

Vorbilder

Muss man denn immer

Vorbilder haben?

Jemanden zu dem man aufblickt?

Ich will mir den Hals nicht verrenken,

Muss doch nicht so wie andere denken;

Kann ich nicht frei, selber

Und nur für mich denken?

Muss ich denn sein wie der, oder die?

Kann ich nicht einfach so sein wie-

Ja, wie wer will ich denn sein?

Diese Haare? Groß oder klein?

Ach, ich bin so,

Wie ich bin.

Ich bin ich und das gefällt mir!

2018

Freiheit

Was ist das für mich?

Die Sonne im Himmel,

Ihr warmes Licht?

Die Wellen am Strand,

Die schäumende Gicht?

Auf den Gipfeln der Berge,

Die freie Sicht?

Schnee auf den Feldern,

Eine glitzernde Schicht?

Bei Nacht – Mond und Sterne

Sieh, wie sie funkeln.

Hab ich hier die Freiheit gefunden?

Frei wie ein Vogel,

Der in Höhen schwingt.

Frei wie ich Fisch,

Der in Tiefen sinkt.

2020

Vom Leid & der Liebe

Einsamkeit

Nur ein Laut, ein leiser Atem,

In tiefster Stille warten.

Tik, tak, tik,

Die Uhr schlägt zwei.

Schnell geht die Zeit vorbei.

Still gebettet, ruhiges Liegen

Wo nur ist die Zeit geblieben?

Da wo früher Zweisamkeit,

Zeit allein, Einsamkeit.

Laut im Kopf sind die Gedanken,

Ängste sich um Hoffnung ranken.

Wer bin ich? Wo soll ich hin?

Gibt es hierfür einen Sinn?

Wenn die Bäume kahl sind

Und Sturzbäche fließen,

Mit Tränen ich die Wangen gieße.

Frostig peitscht der Wind ins Gesicht.

Lang ist's her,

Dein Liebesgedicht.

Ich entfloh der Zeit,

Wenn's nur möglich wär'.

Liebe und Wärme

Kenn ich nicht mehr,

Fühl ich nicht mehr,

Seit du nicht mehr bist.

Denn was sollt' ich tun

– wenn ich dich vermiss –

Und doch eines Tages die Zeit,

Unsr'e, vergess …

Ein welkes Blatt segelt hinab,

Wie das Laub im Wind

Fall ich hinab.

Ich stürze,

Ich sinke

– bis ich verschwinde –

In eine Schwärze, Tiefe, Dunkelheit

Verlier´ das Gefühl

Für den Ablauf der Zeit.

Könnt´ ich nur fliegen,

Schweben und singen.

Glockenhell meine Hoffnung

Würd´ klingen.

Doch ich fühl´ mich schwer,

Hart und kalt wie ein Stein.

Kann es je wieder

Wie früher sein?

Die Zeit im Sommer,

Das Lachen und Leben.

Oh, so viel Liebe

Hast du mir gegeben!

Ich trag dich im Herzen,

Für immer mein.

Irgendwo werden wir

Wieder zusammen sein.

15.06.2019

(Während eines Seminars in der Uni)

Geborgenheit

Trägheit langsam mich übermannt,

Selten solch´ Entspannung gekannt.

Aus die Lichter,

Kerzenschein.

Schläfrigkeit nimmt mich ein.

– Im Träume ich die Sterne seh´,

Barfuß über´n Sandstrand geh´ -

Ein kurzes Flackern vom Kerzenschein,

Stiller wird´s, gleich schlaf ich ein.

Die Decke zieht er über mich,

Einen leisen Dank, den flüster´ ich.

Mein Kopf auf seine Brust dann sinkt,

Süße Träume mir der Schlaf bringt.

Und streicht er sanft mir über´s Haar,

Schließ ich die Augen ganz und gar.

Ein Arm sich sachte um mich legt

Und langsam mich ins Traumland trägt.

Ein leises Seufzen mir entflieht,

Bevor es mich ins Traumland zieht.

Und ich weiß mich in Sicherheit,

Mit Liebe, Schutz, Geborgenheit.

Frieden ihn auch jetzt umgibt,

Voll Liebe er nun auf mich sieht.

Zärtlich wird er mich bewachen,

Sorgen muss ich mir nicht machen.

Ganz sanft seine Lippen die meinen berühren,

Die Liebe kann – im Traum – ich fühlen.

Ich hoff', dass er auch meine spürt,

In dem Moment, der uns gehört.

Kann er meine Liebe spüren?

Auch wenn ich tief schon schlief?

Meine Gefühle dann erkennen,

Wenn er mir in die Augen sieht?

25.12.2019

(an Weihnachten bei meiner Großmutter am Kamin)

Worte wie Waffen

Wie tausend Pfeile

Mich deine Worte treffen,

Mich durchbohren.

In der Stille danach,

Fühle ich mich verloren.

Wie hundert Dolche sie mich durchstoßen

– die kleinen Worte und die Großen. –

Wie kleine Schnitte ritzen sie mich,

Schneiden in mein Herz,

Verletzen mich.

Wie schnell habe ich

Oft dagegen geschossen,

Meine Augen trocken,

Meine Mine verschlossen?

Du konntest nicht ahnen,

Nicht sehen den Schmerz,

Den ich dort durchlitt,

Tief in meinem Herz´.

Doch von Zeit zu Zeit

Traf es mich direkt,

Die Mauern war´n unten,

Kein Gefühl mehr versteckt.

Schien alles so gut,

Ja, harmonisch.

Ließ meine Abwehr sinken,

Doch oh, welch ein Scherz!

Immer wenn ich dacht´,

Dass es besser wär´,

Trafen die Worte mich härter,

Ging tiefer der Schmerz!

Wie hoffte ich,

Dass eines Tages

Du und ich könnten friedlich leben

Uns nicht mehr streiten,

Vernünftig reden?

Und wieder rückt es in weite Ferne

´s scheint ich könnt eher erreichen

Die Sonne, die Sterne.

Wir sitzen zusammen,

Wir reden, wir lachen.

Doch plötzlich, wie aus dem Nichts

Schreist du mich an,

Wagst all diese Sachen.

Scheinst nicht zu ahnen, nicht zu wissen,

Wie tief in mein Fleisch du schneidest,

Dass ich die Tränen ersticke im Kissen,

Weil du nette Worte, Entschuldigungen meidest.

Ich wünscht ich könnte vergessen, wäre froh.

Doch ist es kompliziert, scheint mir so.

Manchmal wird es auch mit zu viel,

Kann nicht dauernd ankämpfen,

Ausfechten dies´ Spiel.

Tränen schwimmen in meine Augen,

Ich verlasse den Raum,

Denn du würdest nicht glauben,

Dass die Tränen auf meinem Gesicht

Wut, Enttäuschung und Verlust widerspiegeln

Und Traurigkeit nicht.

In solchen Momenten, da kann ich es fühlen,

Wie die Traurigkeit mich umfängt,

Seh´ den Schlund der Dunkelheit glühen.

Finsternis mit ihren Armen, den Fingern

Nach mir greift und ich das Licht vermisse,

Mich an die Wärme nicht kann erinnern.

Wie leicht es wäre jetzt zu Fallen,

In das Loch zu stürzen,

Vergessen und fort von allen.

Auch wenn ich weiß, wie sehr es schmerzt

Pack ich meinen Mut, fass mir ein Herz

Und stell mich dem erneut immer wieder.

Schon beim nächsten Pfeil bereu ich's

Schließe die Augen, Tränen hinter den Lidern.

Wozu bräuchte man Waffen, Pfeile und Dolche?

Denn verletzen viel schlimmer Worte, wie solche,

Die immer wieder dein Herz hab'n zerrissen,

Während andere schweigen, lachen, nicht wissen,

Wie sehr es schmerzt, wenn sie durchbrechen deine
Mauer

Und dich umfängt die Wut, die Trauer.

05.02.2021

Hochzeit

Die Kirchenglocken klingen,

Wir tanzen und singen

Hochzeit, Hochzeit

Heut ist´s soweit!

Nun werdet ihr´s wagen,

Nach all diesen Jahren.

Das letzte Stück –

Zum Eheglück!

Feiern und Proben,

Porzellan wird zerbrochen,

Die Gläser erhoben,

Ein Toast wird gesprochen!

Hoch soll´n sie leben

– Das liebende Paar –

Viel Glück und viel Segen

Für kommende Jahr´!

Sich lieben und ehren,

Auf Händen sich tragen,

Nichts soll´n sie entbehren

In sonnigen Tagen!

Sie dreh´n sich in Kreisen,

Beim Hochzeitstanz,

´s gibt viel Trank und Speisen,

Alles strahlt im großen Glanz!

Die Braut – eine Schönheit,

Der Mann – elegant,

Jahrelang schon geschmiedet

Das goldene Band.

Und küsst er die Braut,

Der Jubel bricht los,

Jetzt sind sie getraut,

Die Ehe geht los!

27.12.2019

(für die Hochzeit von Freunden)

Leben lassen

Aus reiner Liebe leben lassen

Noch immer kann ich es kaum fassen.

Kann nicht schlafen, kann nicht ruh'n.

Oh, wie konntest du das tun?

Mich fallen lassen,

Ganz allein.

War DAS wirklich Liebe?

Kann das sein?

Zusammen durch's Leben,

Hand in Hand.

Die Flamme der Liebe,

Hat sie uns verbrannt?

Die Funken, die sprühten,

Die Liebe, das Glück

Ist alles verloren.

Kommt es je zurück?

Wie sehr es mich schmerzt dich gehen zu lassen,

Die Tür ist geschlossen,

Ich kann es kaum fassen.

Die Liebe, das Lachen,

Die Freude, das Glück

Ist alles verloren.

Kommt es je zurück?

Das Bett ist jetzt leer,

Die Laken sind kühl.

War es dir zu wenig?

War es dir zu viel?

Jedes Wort, jede Geste,

Jedes Versprechen

War es dir je ernst?

Warum musstest du´s brechen?

Habe ich es übersehen?

Jene Zeichen, das Ende?

Waren die Küsse nicht süß?

Und sanft deine Hände?

Vielleicht hätte ich es gesehen,

Wärst du mir weniger lieb?

Hat mich die Liebe geblendet,

Wie das Gold einen Dieb?

Geblendet vor Liebe,

Konnte es mir entgehen.

Dein suchender Blick,

Dein Warten, dein Stehen.

Hast du nicht langsam die Mauer gebaut,

Die uns jetzt trennt,

Unsere Zeit beendet,

Dich nach anderen umgeschaut?

Am Fenster stehe ich, schaue dir nach,

Wie du mit unseren Hoffnungen, Träumen

Im Schatten verschwindest,

Verschlungen von Bäumen.

So lasse ich dich weiterzieh´n,

Deinen neuen Träumen entgegen.

Aus Liebe lass´ ich dich

Ohne mich leben.

28.12.2020 - 27.02.2021

Schwärmerei

ein Blick von Dir

ein liebes Wort

schon sind meine Gedanken fort

und fort an nur

bei Dir

von Dir

mit Dir

ich freu´ mich

auf ein Wiederseh´n.

2019